Inhalt

Open Space - Eine unhierarchische Symbiose zwischen Management und Mitarbeiter

Kernthesen

Beitrag

Fallbeispiele

Weiterführende Literatur

Impressum

GENIOS WirtschaftsWissen Nr. 10/2008 vom 15.10.2008

Open Space - Eine unhierarchische Symbiose zwischen Management und Mitarbeiter

C.F.Dobner

Kernthesen

- Unter Open Space versteht man nach geltender Arbeitsstättenrichtlinie offene und große Büroräume ab einer Fläche von 400 qm.
- Bei der Schaffung von Open Space in einem Change-Management-Prozess ist die Einbindung aller Mitarbeiter zur Akzeptanz des Bürokonzeptes notwendig.

- Beispiele aus der Unternehmenspraxis bescheinigen dem Open Space Abbau von Hierarchien, schnelleren Informationsaustausch und höhere Transparenz.

Beitrag

Schnelllebiger werdende Märkte und ein starker Wettbewerb fordern eine hohe Unternehmensflexibilität, die jedoch maßgeblich von den Fähigkeiten und Kompetenzen der Mitarbeiter abhängt. Sorgfältig durchdachte Change-Management-Prozesse leisten als Führungselement einen essentiellen Beitrag zur Optimierung dieser Fähigkeiten. Aktuelle Open Space Konzepte tragen dem Wandel unserer Gesellschaft und unserer Märkte sowie den Kundenbedürfnissen Rechnung.

Die Renaissance der Großraumbüros

Erste Großraumbüros entstanden bereits in den frühen sechziger Jahren. Der älteren Mitarbeitergeneration ist Open Space daher noch unter dem von den Gebrüdern Schnelle geprägten Begriff Großraumkontor geläufig. Das Motiv des

Managements zur Errichtung der großzügigen Büroräume war jedoch gänzlich ein anderes. Überblickbarkeit und vor allem Mitarbeiterkontrolle standen im Fokus der Führungsebene. Genau aus diesem Grund assoziieren Mitarbeiter mit Großraumbüros auch heute noch vorwiegend negative Gesichtspunkte. In den achtziger Jahren wurden die ehemaligen Großraumbüros in Gruppen- oder Einzelbüros umgebaut, von denen noch heute ein Großteil Bestand hat. Dass die heutigen Motive eines fortschrittlichen Unternehmensmanagements keineswegs mehr mit denen vergangener Tage vergleichbar sind, zeigt sich an Hand der zahlreichen Vorteile die mit der Erschaffung von Großraumbüros verbunden sind. (1), (3)

Wesentliche Entscheidungsfaktoren in einem Management-Change-Prozess

Open Space hat in Anbetracht der mit der zunehmenden Normenflut verbundenen anwachsenden Verwaltungsbereiche einerseits enorme wirtschaftliche Vorteile, da ein Großteil der kostspieligen Einzelbüros abgeschafft und Synergien zwischen mehreren Arbeitsbereichen erzeugt werden können. Dieser wirtschaftliche Faktor kann für ein Unternehmen zwar gewichtig sein, sollte jedoch nicht das einzige Entscheidungskriterium sein. Vielmehr bieten Großraumbüros andererseits auch Vorteile wie eine höhere Transparenz, die Optimierung von Arbeitsabläufen, unmittelbare Kommunikation, die Abschaffung starrer Hierarchien durch lokale Einbindung der mittleren Führungsebene, eine Verbesserung der Flexibilität und die Förderung interfunktionaler Teams. Da die Abschaffung des bisherigen Bürokonzeptes in erster Linie die Mitarbeiter eines Unternehmens betrifft, dürfen die mit der Einrichtung moderner Großraumbüros verbundenen Nachteile für die Betroffenen nicht außer acht gelassen werden, wie zum Beispiel mangelnde Privatsphäre, höherer Ablenkungsgrad und zwischenmenschliche Probleme. Erfolg versprechend ist daher einerseits, die Belegschaft in den Change-Management-Prozess einzubeziehen, anderseits als Führungskraft selbst ein integrierter Baustein des neuen Konzeptes zu werden. Führungskräfte lehnen gelegentlich selbst auf Grund der jahrelang eingefahrenen Strukturen ein Open Space Konzept ab, trotz der zahlreichen und offensichtlichen Vorteile. (4), (5)

Grundsätzlich sollte ein Unternehmen auch branchengerecht organisiert sein. Branchen, wie zum Beispiel IT, Multimedia oder Mobilfunk, die einem schnellen Wandel und einem flexiblen Marktgeschehen unterliegen, müssen um konkurrenzfähig oder gar besser als der Wettbewerb sein zu können, flexible Organisationsstrukturen aufweisen. Die Organisation der Mitarbeiter in Einzelbüros ist dafür denkbar ungeeignet. Gerade in diesen Branchen empfehlen sich Großraumbüros für mindestens 25 Mitarbeiter, um die Kommunikationswege so effektiv wie möglich gestalten zu können.

Sich wandelnde Märkte erfordern ein Umdenken

Starker Wettbewerb und sich wandelnde Märkte erfordern ein Höchstmaß an Transparenz und Flexibilität unternehmensinterner Abläufe. Die Einrichtung so genannter kleiner Großräume mit bis zu 15 Metern Tiefe bieten neben schnellem Informationsaustausch und flexibler Prozesse auch die Möglichkeit einer optimierten Büroausstattung. Kleine Großräume können optimal belüftet, beleuchtet und beschallt werden, sodass die Leistungsfähigkeit der Mitarbeiter nicht durch äußere Einflüsse beeinträchtigt wird. Die Arbeitsplätze sollten auch ergonomisch einem zeitgemäßen und hohen Anspruch gerecht werden. Neben den Großraumbüros sind weitere

Meetingpoints und Besprechungsräume zur Förderung der Teamkommunikation notwendig. (1), (2), (6)

Ökonomisch sinnvolle Ausstattungskonzepte

Eine zeitgemäße Büroausstattung fördert nicht nur die Leistungsbereitschaft der Mitarbeiter, sondern kann aus Sicht der Unternehmensführung auch aus anderen Gründen ökonomisch sinnvoll sein. Vorreiter innovativer Konzepte für Büroraumausstattung ist der Schweizer Möbelhersteller Vitra. Die Schweizer setzen dabei auf ein Konzept, dass Wohn- und Arbeitsraum vermischt. Trennwände in Leichtbauweise, bequeme Sitzgelegenheiten, bunte Farben, viele Pflanzen, moderne und praktische Möbel sollen den Mitarbeitern eines Großraumbüros ein Gefühl von Behaglichkeit vermitteln. Vitra ist weiterhin auf die Einrichtung so genannter mobiler- oder auch Bedarfsarbeitsplätze spezialisiert. Diese auch als Hotdesk bezeichneten Arbeitsplätze stehen dabei mehreren Mitarbeitern oder gar mehreren Teams je nach Bedarf zur Verfügung. Diese Büroraumvariante kann hinsichtlich der Einsparung von Bürogesamtfläche vor allem in teuren Großstädten wirtschaftlich äußerst sinnvoll sein. In der Metropolregion London ergibt sich für ein ansässiges Unternehmen pro abgebautem Büroraum ein durchschnittliches Einsparpotenzial von rund 20 000 Euro. (2), (6)

Fallbeispiele

Namhafte und erfolgreiche Unternehmen aus Industrie und Dienstleistung haben aktuelle Open Space Konzepte bereits umgesetzt und ziehen erste positive Bilanzen.

Das Deutsche Tochterunternehmen der amerikanischen Unternehmensberatung Accenture hat als eine der ersten Firmen das Open Space Konzept realisiert. Bei Accenture basierte der Change-Management-Prozess jedoch auch auf strengen wirtschaftlichen Überlegungen. Laut Angaben der Geschäftsführung konnten seither rund ein Drittel der Bürokosten eingespart werden. (2)

Jüngste Beispiele der Open-Space Renaissance sind der Mobilfunkanbieter E-Plus mit seiner neuen Düsseldorfer Zentrale, der britisch-niederländische Unilever Konzern als drittgrößter Hersteller von

Nahrungsmitteln, Parfüm und Kosmetik, der Mannheimer Energielieferant MVV Energie sowie die Züricher Ölexplorationsfirma Spectraseis. Die Bilanzen aus dem Veränderungsprozess dieser Firmen lassen sich auf einen Nenner zusammenfassen. Der mit dem Prozess verbundene Abbau von Hierarchien, der schnellere Informationsfluss und die Optimierung der internen Prozesse steigert wesentlich die Unternehmenstransparenz, fördert das Zusammengehörigkeitsgefühl, motiviert die Belegschaft und steigert damit die Flexibilität des gesamten Unternehmens. (1)

Der Unilever Konzern geht in seiner Hamburger Zentrale noch einen Schritt weiter und präsentiert den Kunden neben den offenen Büroflächen großzügige Passagen, einen eigenen Spa-Bereich sowie einen Supermarkt und ein Café. Unilever verfolgt damit die Intension, auch den Verbraucher an der Änderungs- bzw. Aufbruchsstimmung des Unternehmens teilhaben zu lassen. (1)

Dennoch zeigen die Erfahrungen aus der Unternehmenspraxis auch negative Aspekte des Open Space auf. Die mangelnde Privatsphäre der Mitarbeiter ist trotz aller positiver Seiten nicht außer Acht zu lassen. Die Eigenheiten des Nachbarn können die internen Kommunikationsabläufe und das allgemeine Betriebsklima auch durchaus verschlechtern. Mitarbeiter werden dadurch destruktiv. Maßgeblich ist in einem derartigen Veränderungsprozess daher, die Mitarbeiter von Beginn an in den Entscheidungsprozess mit einzubinden, um das Risiko von ungewünschten Folgen minimieren zu können. (5)

Weiterführende Literatur

(1) Das Großraumbüro ist wieder da - in abgewandelter Form
aus Frankfurter Allgemeine Zeitung, 02.10.2008, Nr. 231, S. B13

(2) Das Büro von morgen wird zur Lounge
Möbelhersteller Vitra nennt sein Büro-Konzept Net' N' Nest - Die Zutaten aus Netz und Nest sollen Mitarbeiter kreativer machen
aus DIE WELT, 08.09.2008, Nr. 211, S. 14

(3) In Bürolandschaften
aus Frankfurter Allgemeine Sonntagszeitung, 07.09.2008, Nr. 36, S. 66

(4) Die äußerste Spitze komischer Unerträglichkeit
"The Office" als die alltägliche Hölle der zwischenmenschlichen Begegnung in ausweglos enger Nachbarschaft im Großraumbüro
aus taz, 14.08.2008, S. 12

(5) Lebensgefährte Alle erschießen!
aus Financial Times Deutschland vom 12.09.2008, Seite 4WE04

(6) "Tod der Bürozelle"
aus WirtschaftsWoche NR. 034 VOM 18.08.2008 SEITE 130

Impressum

Open Space - Eine unhierarchische Symbiose zwischen Management und Mitarbeiter

Bibliografische Information der deutschen Nationalbibliothek

Die Deutsche Nationalbibliothek verzeichnet diese Publikation in der deutschen Nationalbibliografie; detaillierte bibliografische Daten sind im Internet über http://dnb.d-nb.de abrufbar.

ISBN: 978-3-7379-0214-4

© 2015 GBI-Genios Deutsche Wirtschaftsdatenbank GmbH, Freischützstraße 96, 81927 München, www.genios.de

Alle Rechte vorbehalten. Dieses Werk ist einschließlich aller seiner Teile – z.B. Texte, Tabellen und Grafiken - urheberrechtlich geschützt. Jede Verwertung außerhalb der Grenzen des Urheberrechtsgesetzes bedarf der vorherigen Zustimmung des Verlags. Dies gilt insbesondere auch für auszugsweise Nachdrucke, fotomechanische

Vervielfältigungen (Fotokopie/Mikroskopie), Übersetzungen, Auswertungen durch Datenbanken oder ähnliche Einrichtungen und die Einspeicherung und Verarbeitung in elektronischen Systemen.